I0172904

www.ingramcontent.com/pod-product-compliance
Lightning Source LLC
Chambersburg PA
CBHW032053040426
42449CB00007B/1099

* 9 7 8 1 9 9 0 1 5 7 2 8 8 *

انتشارات انار

هملت به روایت کابوس

شهرام احمدزاده

از نمایشنامه‌های ایران - ۱۵

به خنیاگری نغز آورد روی   که: چیزی که دل خوش کند، آن بگوی

هملت به روایت کابوس (بازخوانی هملت اثر ویلیام شکسپیر)
از نمایشنامه‌های ایران - ۱۵
نویسنده: شهرام احمدزاده
دبیر بخش «از نمایشنامه‌های ایران»: مهسا دهقانی‌پور
ویراستار: مهسا دهقانی‌پور
مدیر هنری و طراح گرافیک: عبدالرضا طبیبیان
چاپ اول: بهار ۱۴۰۱، مونترال، کانادا
شابک: ۸-۲۸-۷-۹۹۰۱۵۷-۱-۹۷۸
مشخصات ظاهری کتاب: ۷۰ برگ
قیمت: ۷٫۵ £ - ۸٫۵ € - CAN $ ۱۳ - US $ ۱۰

|انتشارات انار|

نشانی: 746A, Plymouth Av., Montreal, QC, Canada
کدپستی: H4P 1B1
ایمیل: pomegranatepublication@gmail.com
اینستاگرام: pomegranatepublication

پیشکش به
مینا و کیان که ماه و ستاره زندگیم هستند
و آرش دادگر که دو سوی نور چشمم هست.
و به گروه خوب تأتر کوانتوم.

آدم‌های نمایش:

هملت

کلادیوس

پولونیوس

روزنکرانتز

گیلدنسترن

گورکن

گرترود

افیلیا

لائرتیس

(تاریکی. نور آرام آرام می‌آید.)

افیلیا : تاریکی. خفگی. نفس نفس زدن. وقتی آب وارد بینی آدم می‌شه خفه نمی‌شی، نفس کشیدن سخت می‌شه. وقتی می‌خواهی نفس بکشی، هوا تو بینی‌ات نمی‌ره، حجم زیاد از آبه که وارد بینی‌ات می‌شه. من هر روز تمرین می‌کنم. سرم رو می‌برم توی طشت پر از آب؛ نفسم رو توی سینه حبس می‌کنم و بعد شروع می‌کنم به شمارش. یک، دو، سه،

چهار... اما وقتی دیگه نتونم نفسم رو نگه دارم، اونوقت که آب وارد سینه‌ام می‌شه... آب قل قل می‌کنه و تو مجبوری نفس بکشی؛ اما آب توی بینیت می‌ره. اون‌وقت می‌خوای نفست رو پس بدی. اما آب رو پس می‌دی... آب قل قل می‌کنه. تو سعی می‌کنی ، تقلا می‌کنی اما نمی‌تونی. این بار سعی می‌کنی تا با فشار زیاد نفست رو بیرون بدی. می‌خوای، اما نمی‌تونی. حالا دیگه آب ازگلوت رد شده، شوره، آبش شوره. بعد از ریه‌هات رد می‌شه. تلخه. بعد وارد روده و معده‌ات می‌شه. اونجا می‌مونه. تا تو سنگین بشی. چیه بدت اومد؟ آبش تلخه؟ باشه دوباره تلاش می‌کنیم. سینه‌هات رو می‌دی عقب تا دوباره نفس بگیری. اما دوباره آب که وارد می‌شه. آب مثه یه رودخونه درتو جریان داره. داری مرداب می‌شی. داری سنگین می‌شی، داری پایین می‌ری... ببخشید، ما داریم پایین می‌ریم. دیگه نمی‌تونی دهنت رو بازکنی حتا دیگه نمی‌تونی دهنت رو ببندی. آب با فشار زیاد داره وارد می‌شه. حالت داره ازاین شوری بهم می‌خوره. داری پایین می‌ری. دستاتو بستن. فشار آب نمی‌ذاره که بازش کنی. کاش تو می‌تونستی گره از دست‌های مادرت بازکنی کوچولوی من.

داری به ته می‌رسی. به ته ته. اینجا دیگه آخرشه. اینجا آب ساکنه اما تو معلقی. انگارداری توی آب بازی می‌کنی. درست مثل تو عزیز دلم، درست مثل تو. حالا دیگه تو درست هشت مترزیرآبی. حتا می‌تونی با پاهات کف آب رو لمس کنی.

چرا اینجوری شد؟ چرا من اینجا هستم؟ چی شد که من اینجا هستم؟ چی شد؟

(تاریکی. نور می‌آید. گورگن در حال حفر یک گور است. کلادیوس جنازه هملت پدر را می‌آورد.)

گورکن: دانمارک، اسم قشنگی نیست.

کلادیوس: ...

گورکن: منظورم این است که باید یه اسم دیگه روی این سرزمین بذاریم.

کلادیوس: ...

گورکن: گورستان، قبرستان، سرزمین مردگان.

کلادیوس: چرا؟

گورکن: آخه شما یه روز رو پیدا نمی‌کنید که در طول تاریخ پر افتخار دانمارک خونی ریخته نشده باشه.

کلادیوس: خب.

گورکن: جمعیت مرده‌ها داره روز به روز بیشتر از زنده‌ها می‌شه. من آمار دقیق‌شون رو دارم.

کلادیوس: آمار چی رو؟

گورکن: عرض کردم سرورم، مرده‌ها.

کلادیوس: آمار قبرها رو هم داری؟

گورکن: بله سرورم.

کلادیوس: خب بگو.

گورکن: با این می‌شه ۲۵۳۶۹۸۷، البته این رقم از روزی که من قبرکنی رو شروع کردم. اگه بخواید به تفکیک سال، ماه، روز هم می‌گم.

کلادیوس: اِشتباه.

گورکن: غیرممکنه.

کلادیوس: ۲۵۳۶۹۸۸.

گورکن: یه دونه اضافه است.

کلادیوس: مال خودته. همیشه یه دونه اضافه داشته باش.

گورکن: این قبرخوبه؟

کلادیوس: اگه راستشو بخوای خیلی دوست دارم دوباره با هم قمارکنیم. می‌دونم حتما تو دلت می‌گی تو که بلد نیستی. اما واقعیت اینه که تو تقلب می‌کنی. قماربازه حرفه‌ای هستی. خودت می‌گفتی قمار بدون تقلب نمی‌شه یادت هست. وقتی با هم قمار می‌کردیم، تو تقلب می‌کردی. خب بالاخره منم شاگرد تو بودم. تقلب کردم. همیشه می‌گفتی تقلب در دو چیز جایز هست، جنگ و قمار. حالا ناراحتی؟ خودت رو بخواب زدی؟ وای یادم رفته بود، تو مُردی. خدای دانمارک مرده. راستشو بگو برادر، برای مردن هم تقلب کردی؟

گورکن: اندازه این قبر کافیه سرورم؟

کلادیوس: کوچیک نیست؟

گورکن: مهم نیست. جا می‌شه.

کلادیوس: دفن‌اش کن.

گورکن: چشم.

کلادیوس: با اسامی که گفتی موافق نیستم. دانمارک گورستان شده. اما این اسم دانمارک هست که جنازه می‌طلبه.

گورکن: تمام قبرستان‌های دانمارک پر شده اعلیحضرت؛ چه کنیم؟ دوران حکومت شما شروع شده.

کلادیوس: خونه خراب کنید. مردم مرده که خونه نمی‌خوان. گور می‌خوان.

گورکن: بله اعلیحضرت.

کلادیوس: من قمار رو بردم. آسوده بمیر.

(تاریکی. نور می‌آید. کلادیوس برای مردم دانمارک سخنرانی می‌کند.)

کلادیوس: ملت دانمارک. مردم شریف دانمارک. مردم دوست داشتنیِ من. نپرسید که کشورتان چه کاری برای شما می‌تواند بکند. بپرسید شما چه کاری می‌کنید. بیداری پیروز شد. ما این حقیقت را به فرزندان خود خواهیم داد و آنها هم به فرزندان‌شان تا از میان نرود. دیگر جنگ تمام شده است. خورشید دانمارک از افق نمایان شده. از این به بعد دانمارک روی صلح و دوستی را می‌بینند. ملت دانمارک بیایید دست در دست هم برای آبادی دانمارک تلاش کنیم. بیایید خانه‌های نو بسازیم. بیایید تلاش‌مان را برای شکوفایی اقتصاد بیشتر کنیم. فرزندان ما باید بدانند که دیگر در دانمارک گریه نخواهد بود. زمان زمانِ ساختن است. زمان زمانِ امید است. بیایید کاردهای‌مان را برای قسمت کردن نان هایمان بیرون بیاوریم. اگر چه از فرط ناله و اندوه از دست دادن برادرمان غمگین هستیم، اما به شما بگوییم ما باید به آینده فکر کنیم. آینده از آن ماست. در دست ماست. دانمارک خدا آزاد است.

(نور می‌رود. تاریکی است. هملت فریاد می‌زند. نور می‌آید. سکوت مطلق نه هملت حرفی می‌زند نه کلادیوس. صدای جیر جیر در می‌آید.)

کلادیوس: من از مرگ پدرت متأسفم.

هملت: ...

کلادیوس: چرا از من دوری می‌کنی؟ بیا نزدیک‌تر، بیا اینجا کنار من پسر.

هملت: همین‌جا خوبه عموی عزیز.

کلادیوس: منو عمو صدا نکن. بگو پدر من مثل پدر تو هستم.

هملت: نمی‌تونم. متأسفم.

کلادیوس: می‌فهمم. می‌فهمم.

(صدای جیر جیر در می‌آید.)

کلادیوس: جیر جیر این در منو اذیت می‌کنه.

هملت: لولاش خشک شده.

کلادیوس: شاید.

هملت: روغن می‌خواد.

(سکوت)

کلادیوس: می‌دونی پسر وقتی یه در باز و بسته می‌شه لولا در هیچ حرکتی نمی‌کنه. تو جای خودش ثابته. تغییر نمی‌کنه. در حرکت می‌کنه. ولی لولای در همیشه ثابته.

(سکوت)

کلادیوس: من همیشه در خونه بودم. اما پدرت لولای در بود. از مرگ پدرت متأسفم.

هملت: شما چی؟

کلادیوس: من چی؟

هملت: ....

کلادیوس: می‌فهمم... هملت، من شبیه پدرت نیستم؟

هملت: من از صمیم قلب وارستگی خودم رو نشون می‌دم. اگرچه از فرط ناله و اندوه می‌گریم.

کلادیوس: تو چته پسر. بیا جلوتر. به من بگو. بگو به چی فکر می‌کنی؟

هملت: چرا مادرم با شما ازدواج کرد؟

کلادیوس: می‌دونی چرا پدرت اسم خودش رو عوض کرد و گذاشت هملت؟

هملت: زیباست؟

کلادیوس: زبون تیزی داری.

هملت: به پای زبون شما نمی‌رسه. زنی که دو روز از مرگ شوهرش نگذشته رو به عقد خودتون در آوردید.

کلادیوس: پدرت دو ماه که مرده.

هملت: اگه شما رو ناراحت می‌کنه به همه می‌گیم دو سال که مرده.

کلادیوس: مرده که مرده، ما که نمی‌تونیم زنده‌ش کنیم. (سکوت)

کلادیوس: من سوگواری تو رو نسبت به پدرت تحسین می‌کنم. ولی باید این حقیقت رو درباره پدرت بدونی، مرگ پدرت.

(صدای بلند جیر جیر درمی‌آید.)

هملت: می خوام برگردم دانشگاه.
(سکوت)

کلادیوس: اون چه کتابی که می‌خونی؟
هملت: یه کتاب. یه کتاب که به پرسش‌های من جواب می‌ده.

(کلادیوس کتاب را از دست هملت می‌گیرد.)

کلادیوس: (عنوان کتاب را می‌خواند.) مردی که دعای خودش رو نخونده و طلب آمرزش نکرده و به دست برادرش کشته می‌شه، حکمش چیه؟
هملت: مرگ.
کلادیوس: چی؟
هملت: من درباره مرگ می‌خونم.
(سکوت)
کلادیوس: می‌دونی پسر، وقتی یه لولای خوب می‌خری و به در خونه‌ات می‌ندازی، فکر می‌کنی هیچ‌وقت صداش در نمی‌آد. اون سالم و پرقدرت کارمی‌کنه. اما غافل ازاین که در پرروتر ازاین حرف‌هاست. اِنقدر باز و بسته می‌شه. اِنقدر عقب و جلو می‌ره تا بالاخره صدای لولا در می‌آد. شاید حق با تو باشه. من هیچ شباهتی به پدر تو ندارم.

(کلادیوس عصبانی خارج می‌شود. هملت در فکر است. گورگن از فرصت استفاده کرده و به پیش هملت می‌آید.)

گورکن: می‌دونی، وقتی کفش پای آدم رو می‌زنه، آدم کلافه است. دیوانه است. می‌خواد هر چه زودتر از دست این کلافگی راحت بشه. اون موقع‌ها که تازه گورکن شده بودم،

کفشم پام رو می‌زد. رفتم یه شماره بزرگتر خریدم. بازم پام رو می‌زد. رفتم دو شماره بزرگتر خریدم، بازم کفش پام رو زد. بعد از یه مدتی، یه روز که داشتم گور می‌کندم، یه جنازه آوردن. اهل دانمارک نبود. خدا منو ببخشه، می‌گفتن جاسوس بوده. ولی کفش‌های خوبی داشت. وقتی کفش‌هاش رو پام کردم؛ دیگه پام رو نزد! می‌دونی تو دانمارک کفش خوب به اندازه پات پیدا نمی‌شه. حالا شما هم کفش پاتون رو زده که اِنقدر کلافه‌اید؟

هملت: چی؟

گورکن: گفتم کفش پاتون رو می‌زنه، که اِنقدر کلافه‌اید؟

هملت: نه، نه.

گورکن: به هر حال گفتم اگه کفش پاتون رو می‌زنه، من یه جفت دارم. چند وقت پیش یه جاسوس آوردن.

هملت: کاش همه چی مثل کفش قابل حل بود.

گورکن: نه، اشتباه نکن. تو دانمارک کفش خیلی مهمه. می‌دونستی دانمارکی‌ها دوست ندارن پا تو کفش همدیگه بکنن؟

هملت: نه!

گورکن: می دونستم. اهل دانمارک نیستی.

هملت: چرا اهل دانمارک هستم.

گورکن: ولی تا حالا ندیده بودمت.

هملت: کجا؟

گورکن: اینجا. آخه تو دانمارک همه علاقه ویژه‌ای به گورستان دارن. می شه گفت نودوپنج درصد زندگی مردم دانمارک تو گورستان می‌گذره. می‌بینی خودش یه شهره.

هملت: پس باید خیلی قدیمی باشی؟

گورکن: آره. از کفش‌هام فهمیدی؟

هملت: نه. حدس زدم.

گورکن: بالاخره نگفتی، چرا کلافه‌ای؟

هملت: تو می‌دونی هملت رو کجا دفن کردن؟

گورکن: شاه هملت؟ اون طرف. بالای اون کوه.

(هملت می‌رود. گورگن مشغول کار خود می‌شود. پولونیوس وارد صحنه می‌شود.)

پولونیوس: بودن یا نبودن مسئله این است. پدر بودن یا پدر نبودن. پدربودن خیلی سخته. به نظر من سخت‌ترین کار جهان پدر بودنه. به خصوص که فرزند دختر داشته باشید. می‌فهمید من چی می‌گم. تمام سختی دنیا یک طرف پدربودن هم یک طرف. اونهم عرض کنم پدر دختر باشی. هیچ کاری مثل دختر‌داری نیست. مادرش فوت کرد. من بعنوان یه پدر اون رو بزرگ کردم. هم مادر بودم هم پدر. تو این دانمارک داشتن دختر سخته. تربیت دختر تو دانمارک مصیبته. مصیبت. دختر داشتن یعنی باید عفت داشته باشی. دختر مساوی ناموس. این دانمارک پر شده از مسئله ناموس. باید مراقب باشی. اول از شرافت و عفت بعد هم از دخترت. قبول دارید پدر بودن خیلی سخته. دانمارک روزهای عجیبی رو می‌گذرونه. آدم‌هاش رو نمی‌شه شناخت. با لبخند بهت نزدیک می‌شن. دوستت دارن. ابراز محبت می‌کنن. اما همین که پشت بهشون می‌کنی خنجر می‌زنن. من نگرانم. نگران دختر ساده خودم هستم. این ابراز محبت‌ها تو این دانمارک خیلی خطرناکه.

گورکن: جناب پولونیوس.

پولونیوس: بله.

گورکن: بفرمایید.

پولونیوس: این چیه؟

گورگن: این رمان . اجازه چاپ می‌خواد.

پولونیوس: کی نوشته؟

گورکن: جین آستین.

پولونیوس: ببرش. بگوا‌جازه چاپ نداره.

گورکن: قربان شما که نخوندیش؟

پولونیوس: یه رمان ازش خوندم. آدم درستی نیست. نوشته‌هاش رواج بی‌ناموسی.

گورکن: یعنی همش بدرد نخوره؟

پولونیوس: به من می‌گن پولی دست قیچی. اگه جا داشت قیچی می‌کردم. اما این رمان همش مزخرفه. من نگهبان اخلاقیات دانمارکم. اجازه نمی‌دم بی‌ناموسی رواج پیداکنه.

گورکن: خداوند شما رو از جمیع بلای حفظ کند.

(نور می‌رود. نور می‌آید. خانه پولونیوس است.)

پولونیوس: چی می‌گفتم. یادم نمی‌آد. حواس آدم رو پرت می‌کنن. بخون افیلیا .

افیلیا: زیاده.

پولونیوس: گفتم بخون افیلیا.

افیلیا: رأس ساعت ده صبح از خواب بلند شد. رأس ساعت ده و پانزده دقیقه خیلی عذر می‌خوام پدر، رفت دستشویی.

ده و نیم از دستشویی بیرون اومد. بعد رفت یه آهنگ لایت گذاشت. ده و سی‌وپنج دقیقه سر میز می‌شینه. مارگارت براش روزنامه می‌آره.

پولونیوس: روزنامه؟ کدوم روزنامه؟

افیلیا: مسیر اصلاحات.

پولونیوس: پسره احمق، دیگه.

افیلیا: مارگارت براش صبحانه می‌آره. کامل. مفصل. هر چی که فکر کنید. تخم مرغ آب‌پز، نیمرو، عسل، کره، پنیر، مربا و خامه.

پولونیوس: بسه افیلیا. بعدش.

افیلیا: متأسفم پدر. بعد از صبحانه به طرف اتاقش می‌ره.

پولونیوس: به من نگو که نمی‌دونی دیگه چی شده.

افیلیا: نه پدر. دنبالش کردم. از سوراخ در اتاقش اون رو نگاه می‌کردم.

پولونیوس: مارگارت کاری نکرد؟

افیلیا: نه.

پولونیوس: لایرتیس هم کاری نکرد با مارگارت؟

افیلیا: نه پدر.

پولونیوس: ادامه روبخون.

افیلیا: در حین لباس پوشیدن از جیب کتش ورقی رو در آورد و خوند. خیلی درفکر رفت. بعد اون کاغذ رو آتش زد.

پولونیوس: اون کاغذ کم بود، زیاد بود، بلند بود، کوتاه بود؟

افیلیا: نتونستم بفهمم.

پولونیوس: بخون.

افیلیا: بعد از سی دقیقه بسیار شیک لباس پوشیده و از خانه

بیرون می‌ره.

پولونیوس: بعدش رو دیگه می‌دونم.

افیلیا: پدر می‌تونم یه سوال بپرسم؟

پولونیوس: بپرس.

افیلیا: لایرتیس با کی ملاقات کرد؟

پولونیوس: با هملت.

(نور می‌رود. نور می‌آید. یک جاده است. روزنکرانتز و گیلدنسترن وارد می‌شوند.)

روزنکرانتز: خسته شدم. چقدر دیگه باید راه بیام.

گیلدنسترن: تا وقتی که تموم بشه.

روزنکرانتز: دیگه نمی‌تونم. من نشستم. پاهام دیگه جون نداره.

گیلدنسترن: بیا این رو بخور.

روزنکرانتز: تلخه.

گیلدنسترن: ولی خوردنی.

روزنکرانتز: سرده.

گیلدنسترن: خوردنی.

روزنکرانتز: نمی‌آد پایین که.

گیلدنسترن: باید سعی کنی.

روزنکرانتز: هر چی زور می‌زنم فقط خون می‌آد.

گیلدنسترن: می‌ترسی؟

روزنکرانتز: از چی؟

گیلدنسترن: خون.

روزنکرانتز: تلخه.

گیلدنسترن: بخور. بخور و زور بزن.

روزنکرانتز: از خون نمی‌ترسم. از خاطره خون می‌ترسم.

گیلدنسترن: بریزم.

روزنکرانتز: نه. نمی‌آد که.

گیلدنسترن: طبق این نقشه تا دانمارک راهی نمونده.

روزنکرانتز: با این چیکار کنم؟

گیلدنسترن: فقط زور بزن. اینکار با زور حل می‌شه.

روزنکرانتز: ...

گیلدنسترن: کاش می‌فهمیدم چرا باید به دانمارک بریم.

روزنکرانتز: مگه مهمه؟

گیلدنسترن: ...

روزنکرانتز: من می‌رم اون طرف می‌آم.

(روزنکرانتز بیرون می‌رود.)

گیلدنسترن: برای من و تو مهمه. مهمه که بدونیم چرا به دانمارک می‌ریم. من هیچ‌وقت با این بی‌خیالی تو کنار نیومدم.

(صدای درد و جیغ روزنکرانتز می‌آید.)

گیلدنسترن: اومد؟

صدای رزنکرانتز: فقط خون. خون. خون.

گیلدنسترن: رز عزیز ناراحت نباش. بالاخره بیرون می‌آد. زور بزن. از اون زورهای که برای مردم می‌زنی بزن. فقط مراقب باش خودت رو سقط نکنی. زور بزن.

صدای رزنکرانتز: من تا کی باید این همه خون ببینم.

گیلدنسترن: رز عزیز خوشحال باش. این خون‌ها که می‌رزی باعث می‌شه تو یه دانمارکی اصیل باشی. دانمارک با خون مردمش زنده است.

رزنکرانتز: گیل من خسته شدم از این همه زور زدن و خون دیدن.

گیلدنسترن: خون که خونه. من و تو رودهای خون دیدیم. کار ما با خونه.

رزنکرانتز: چقدر دیگه راه تا دانمارکه گیل؟

گیلدنسترن: چیزی نمونده. راه بیا. همین راه رفتن تو رو نجات می‌ده. اون سنگ کثافت تو بلکه شاید از جاش تکون بخوره.

(نور می‌رود. نور می‌آید. قبرستان است.)

گرترود: نفس کشیدن زیر آب خیلی سخته. من فکر می‌کنم اصلا همچین اتفاقی نمی‌تونه بیفته. نفس کشیدن زیر آب. ولی هملت این کار رو می‌کنه. اون زیر آب نفس می‌کشه. می‌تونه ده دقیقه زیر آب بمونه. باورت نمی‌شه؟ این بار می‌گم بیاد جلو خودت انجام بده. می‌دونی به نظر من این کار حتماً یه تکنیکی داره. هملت این تکنیک رو بلده. با تکنیک کار انجام می‌ده. اما تو چی؟ هیچی. تو می‌تونی ده دقیقه سرت رو زیر آب نگه داری؟ نمیدونم چرا می‌خندم. من هیچ‌وقت نفهمیدم تو چرا داد می‌زدی. الانم داری داد می‌زنی که این پسر احمقه. آخه این چه کاریه. ده دقیقه سرت رو زیر آب کنی که چی بشه؟ ولی این مهمه. این که اجازه ندی آب داخل

ریه‌ات بشه. آب داخل روده و معده‌ات نشه. آب تو رو مثل یه مرداب نکنه. پست و بی‌خاصیت نکنه. این مهمه. کاش من هم می‌تونستم مثل هملت باشم. اجازه ندم تو مثل آب داخلم بشی. من رو مرداب کنی. با اون افکار احمقانه‌ات منو ازبین بردی. یادت رفته بود من زن تو هستم. من شوهر می‌خواستم نه خدا. می‌شنوی؟ می‌دونم که می‌شنوی، منتهی به روی خودت نمی‌آری. من که باور نمی‌کنم که تو مرده باشی. خدا مگه می‌می‌ره؟ خب من الان باید چکارکنم؟ باید گریه کنم؟ باید زاری کنم؟ اما نمی‌کنم. می‌دونی چرا؟ چون تو شوهرم نبودی. من برای شوهرم گریه می‌کنم. برای اونی که دوست‌اش دارم گریه می‌کنم. من بنده بی‌ایمان تو بودم. هیچ‌وقت به تو ایمان نداشتم. حالا بلندشو. بلندشو و دانمارک رو ببین. ببین که کسی برات گریه نمی‌کنه. همه از مرگ تو خوشحالن، خدای دانمارک مرده. تو شوهرم نبودی. من برای شوهرم گریه می‌کنم.

هملت: پدرم رو دوست داشتید؟

گرترود: ...

هملت: پدرم رو دوست داشتید؟

گرترود: من شوهر نداشتم تا بهش علاقه داشته باشم.

هملت: پس نجابت، عفت، حرمت.

گرترود: پدرت هیچ‌وقت نفهمید که منم زندگی می‌خوام هملت. زندگی.

(گرترود بیرون می‌رود. گورگن می‌آید.)

گورکن: یه شاهی شنید که مردم کشورش طاعون گرفتن. خیلی ناراحت شد. وزیرش رو صدا زد وگفت وزیر چیکار کنیم؟ چرا مردم طاعون گرفتن. وزیرش گفت پیر شهر می‌گه کسی گناه نابخشودنی کرده. باید اون رو پیدا کنیم. شاه هم قول می‌ده که اون آدم رو پیدا کنه و چشماش رو در بیاره. خیلی گشت. کلی تحقیق کرد. یه عالمه کارکارشناسی انجام داد. اما آخرش دید، خودش همون فرد گناه کاره. شاید باور نکنی ولی چشمای خودش رو درآورد. تاریخ می‌گه اون به خاطر حقیقت چشماش رو درآورد. اما من می‌گم اون تو رودربایستی قرار گرفت و چشم‌هاشو درآورد. منظورم اینه‌که حرفی نزن که نتونی زیرش بزنی.

هملت: این سر و صدای چیه؟

گورکن: شما واقعاً هملت هستید؟

هملت: بله. چطور؟

گورکن: مثل اینکه از هیچی خبر نداری؟ مادرتون داره با عموتون ازدواج می‌کنه.

هملت: ولی پدرم سه روزه که مرده!

گورکن: سه ماهه سرورم.

هملت: ولی از روزی که به من خبر مرگ پدرم رو دادن سه روز گذشته.

گورکن: من ساعت ندارم. یعنی علاقه‌ای به زمان ندارم. چون آدم رو به شک می‌ندازه. ولی می‌دونم که سه ماه است که پدرتون مرده.

هملت: پس سه ماه گذشت!؟

گورکن: نگفتید اندازه این گور چقدر باشه؟

(گورگن مشغول حفر گور می‌شود. پولونیوس با فرغونی از کتاب وارد می‌شود.)

پولونیوس: ده بار که بهت نمی‌گم. یک در دو.
گورکن: گفتم شاید این بار بخواهید گور بزرگ‌تری داشته باشید.
پولونیوس: نه. همین اندازه خوبه. یه جوری بذار که همش جا بشه.
گورکن: قربان چرا دفن می‌کنید. خب بسوزونید.
پولونیوس: سوزوندن برای مردم متوحش. ما مگه مردم متوحشی هستیم. دانمارک سرزمین فرهنگ و هنر. جای جای این کشور رو اگر حفر کنن کتاب بیرون می‌آد. تو بگو کدوم کشوری همچین فرهنگی داره؟

(جای دیگر از قصر است. شاید اتاق خواب کلادیوس باشد. شاید هم اتاق کنفرانس باشد. شاید تالار قصر باشد.)

کلادیوس: باورت می‌شه؟
گرترود: چی؟
کلادیوس: از تخت تا اینجا. باور نکردنیه.
گرترود: چی باور نکردنیه؟
کلادیوس: هفت قدم. فقط هفت قدم. اینجا که می‌شینی شاه هستی. می‌ری اونجا می‌شی بنده، رعیت، زیردست حتی اگه برادر شاه باشی. فقط هفت قدم.
گرترود: هملت.
کلادیوس: کدوم؟

گرترود: پدر. فقط روی تخت می‌نشست. تو قراره کجا بشینی؟

کلادیوس: اینجا.

گرترود: پس نه شاه هستی نه بنده.

کلادیوس: نه. هم شاه هستم هم بنده. اینجا یعنی وسط. میانه. اعتدال. گاهی شاه هستم گاهی بنده.

گرترود: هملت.

کلادیوس: کدوم؟

گرترود: پسر. اون هیچ کدوم رو دوست نداره.

کلادیوس: واقعاً؟

(تاریکی. روشنایی. جای دیگر. شاید گورستان. شاید هم بالای کوه دانمارک. زمانی قبل از این زمان که کلادیوس و گرترود باهم باشند.)

هملت: با من حرف بزن پدر. من باید بفهمم که این جهانی که تو می‌گی چطوریه. این همه کلمه هست. این همه جمله هست. چرا به من جمله‌ای دیگه یاد نمی‌دی؟ من این همه کلمه بلدم. این همه جمله بلدم اما تو به من اجازه نمی‌دی. چرا اسم من رو صدای نمی‌کنی؟ من هملت هستم. چرا به من جمله‌های دیگه نگفتی؟ من تا کی باید فقط این چند کلمه رو بگم؟ من دوست دارم که لب‌هام ، حنجره‌ام، جمله‌های زیادی رو بگن. کلمات زیادی بگن. من می‌خوام کلمات بفهمن که من خالق‌شون هستم. من اونها رو می‌سازم. می‌خوام جمله‌ها بفهمن که من می‌تونم انتخاب‌شون کنم. با من حرف بزن پدر. بذار بتونم لب‌هام رو تکون بدم. بذار بتونم حنجره‌ام رو

باز کنم. من تا کی باید این کلمات رو تکرار کنم؟ تا کی؟ این کلمات قرار من رو به کجا برسونن؟ من با کلمات که از دهانم بیرون می‌آد باید چی رو شروع کنم؟ من باید چی رو تموم کنم؟ من با این کلمات چه جمله‌ای باید بسازم؟ من با این کلمات قراره چه کسی رو زنده کنم؟ قراره چه کسی رو بکشم؟ کاش می‌دونستم که تو به چی فکر می‌کنی؟ کاش می‌دونستم با این کلمات تا کجای دنیا باید برم؟ من کلمه مرگ رو بلدم. اما نمی‌دونم باهاش چه جمله‌ای می‌شه ساخت. می‌شه گفت من خواهان مرگ عمویم هستم؟ من کلمه انتقام رو بلدم. اما جمله اون رو بلد نیستم؛ می‌شه گفت انتقام قتل منو بگیر؟ پدر با من حرف بزن. من می‌خوام کلمه عشق رو بفهمم. من می‌خوام کلمه عشق رو فریاد بزنم. چرا هر وقت افلیا رو می‌بینم اینجای سینه‌ام درد می‌گیره؟ چرا هر وقت افلیا رو می‌بینم اینجای سینه‌ام درد می‌گیره؟

(تاریکی روشنایی. خانه پولونیوس. اتاق افلیا. نمی‌دانم. شاید اتاق لایرتیس.)

افلیا: تو دروغ گفتی.

لایرتیس: ما هممون دروغگو هستیم. هملت هم یه دروغگوئه. به خودت تو آیینه نگاه کردی؟ تو زیبا هستی افلیا؟ تو زیبا هستی؟ اگه از آیینه بپرسی بهت می‌گه که تو زیبا نیستی. همه می‌دونن که افلیا زیبا نیست. ولی فقط برای احترام تو رو افلیای زیبا صدا می‌زنند. تو خوش اندامی؟ نه افلیا، نه. تو نه زیبا هستی و نه اندام مناسبی داری. این رو خودت هم

می‌دونی. ولی می‌دونی چرا هملت می‌گه عاشق تو؟ چون می‌دونه که تو ساده‌ای. تو احمقی. چون می‌دونه که هیچ‌کس تا حالا به تو ابراز عشق نکرده. هملت عاشق تو نیست افیلیا. اون عاشق گل تو شده.

(تاریکی. نور می‌آید. همان جاده است. گیلدنسترن نشسته است. صدای جیغ و زجر رزنکرانتز می‌آید.)

گیلدنسترن: اومد؟
صدای روزنکرانتز: نه.
گیلدنسترن: واقعاً؟
صدای روزنکرانتز: آره.

(رزنکرانتز می‌آید. نمی‌تواند خوب راه برود.)

روزنکرانتز: بیا. همین یه ذره اومد.
گیلدنسترن: همین.
روزنکرانتز: با کلی خون. من اگه صد نفر رو کشته باشم، اِنقدر خون نداشت. اون پشت یه دریای از خون هست.
گیلدنسترن: بیا بشین. اما بالاخره مقاومتش رو شکستی. این یه ذره سنگ نشون می‌ده که تو موفق می‌شی. گاهی اوقات آدم برای رسیدن به هدف باید خیلی خون بریزه.
روزنکرانتز: الان کجاییم؟
گیلدنسترن: نمی‌بینی. گورستان دانمارک.
روزنکرانتز: دانمارک همش گورستانه. گیل من نگرانم. نگران.

چرا ما رو به دانمارک خواستن؟ ما اشتباهی کردیم؟ ما...

گیلدنسترن: رزتو خیلی بهم ریخته‌ای. اون سنگ کثافت تمام تمرکزتو رو گرفته. چه اشتباهی؟ ما تمام کارهامون رو درست انجام دادیم.

رزنکرانتز: داستان اون دختر که تو فرانسه...

گیلدنسترن: کشتمش. بر خلاف دلم کشتمش.

روزنکرانتز: چطوری؟

گیلدنسترن: یه میزشام چیدم. یه شاخه گل هدیه دادم. قلبم رو کف دستم گرفتم. ابراز عشق کردم. بعد هم جام‌های شرابمون روبه هم زدیم بخاطر پایدار موندن عشق‌مون. اما اون مرد. با سم داخل شراب مرد. زد زیر قولش.

روزنکرانتز: خیلی رمانتیک انجام دادی.

گیلدنسترن: دختر دوست داشتنی بود. بخور.

روزنکرانتز: متأسفم که تو رو اذیت می‌کنم. اما این دانمارک آرامش من رو گرفته.

گیلدنسترن: چرا اِنقدر نگرانی؟

روزنکرانتز: من ازمرگ می‌ترسم. می‌فهمی؟ از مرگ می‌ترسم.

گیلدنسترن: چرا بمیریم؟ چرا؟ ما هرکاری که انجام دادیم برای حفظ دانمارک بوده.

روزنکرانتز: دانمارک. دانمارک. دانمارک. ازاین اسم دانمارک متنفرم.

گیلدنسترن: رزتو خیلی این روزها حساس شدی. چرامی‌ترسی؟ ازکلادیوس می‌ترسی؟

روزنکرانتز: کلادیوس. کلادیوس. دیگه یه اسم نیست. گیل عزیز دیگه یه هجا نیست. یه شاه. کلادیوس شاه.

(نور می‌رود. تاریکی. نور می‌آید. روشنایی. گورستان است. دو ماه قبل از صحنه قبل است.)

گورکن: اینجا خوبه؟

هملت: یه کم اون طرف‌تر.

گورکن: اینجا؟

هملت: آره. شروع کن.

گورکن: قربان جنازه‌ها کجا هستن؟

هملت: تو راهه.

گورکن: سرورم می‌تونم بپرسم این گورها برای چه کسایی هست؟

هملت: دو مرد. دو دوست. دو یارکه با مجاهدت خودشون در راه وطن کشته شدن.

گورکن: پس قهرمان بودن.

هملت: اگه حماقت‌شون رو حساب نکنی، بله قهرمان بودن.

گورکن: چرا حماقت؟

هملت: فضولی. وقتی کاری بهت مربوط نمی‌شه و دخالت می‌کنی؛ یعنی احمقی. دنبال دردسر می‌گردی.

گورکن: آهان. پس این دو نفر فضول بودن؟

هملت: بله فضول بودن.

گورکن: باورش سخته! و این فضولی اون‌ها رو تو دردسر انداخت؟

هملت: نه. بهتره بپرسی، به خاطر فضولی مردن؟

گورکن: آها، گرفتم.

هملت: نمی‌خواد اونقدر بزرگش کنی. طولش کافیه.

گورکن: آخه جا نمی‌شن.

هملت: جا می‌شن. به خاطر فضولی سر ندارن.

گورکن: سرورم مرحوم پولونیوس سر داشتن. اگر اشتباه نکنم اون هم فضولی کرده بود.

هملت: زیاد گود نکن. اون تجاوز کرده بود.

گورکن: پس با این حساب از نظر شما فضولی کاری بسیار زشتیه.

هملت: اینبار که رفتی سلمونی بگو بغله موهات رو زیاد نزنن. سرت دراز شده. داره خودنمایی می‌کنه.

گورکن: سرورم، اصلاً می‌روم موهایم را از ته می‌زنم. لباس یقه بلند هم می‌پوشم تا گردنم زیاد خودنمایی نکنه. (سکوت)

هملت: تو این گورستان با حساب و کتاب گور بکن.

گورکن: با حساب من قربان این گورستان برای مرده‌های شما جا کم داره.

هملت: چرا؟

گورکن: چون شما متجاوزین را می‌کشید. فضول‌ها را می‌کشید.

هملت: بله می‌کشم.

گورکن: خب اون وقت باید تمام دانمارک رو گورستان کنیم.

هملت: چرا؟

گورکن: آخه اینجا مردم یا متجاوزند یا فضول. تعداد خیلی کمی پیدا می‌کنید که کاری دیگر بلد باشند.

(تاریکی. روشنایی. زمانی قبل از مرگ پولونیوس. قبل از اجرای نمایش تله موش آهان یادم آمد. شروع دیوانگی هملت است. پولونیوس دست افیلیا را گرفته و می‌کشد.)

پولونیوس: بیا افیلیا. اینجا وایستا.
افیلیا: برای چی؟
پولونیوس: این کتاب رو بگیر بخون. هر وقت گفتم بخون.
افیلیا: این چه کتابیه؟
پولونیوس: چه می‌دونم. تو تظاهر بخوندش کن.
افیلیا: برای چی پدر؟
پولونیوس: هرکاری می‌گم بکن. تو تظاهر بخوندن این کتاب می‌کنی.

(پولونیوس دست کلادیوس را می‌کشد. او را می‌آورد.)

پولونیوس: سرورم همین جا.

(پولونیوس خارج می‌شود. با کلادیوس وارد می‌شود. با کلادیوس درگوشه‌ای می‌ایستند. به نظر می‌رسد که پنهان شده‌اند. اما ما آنها را می‌بینیم.)

کلادیوس: تو مطمئنی پولونیوس؟
پولونیوس: این چه حرفی سرورم؟ ما خانواده شرافتمند و آبرو داری هستیم. قربان شما مرا چطور آدمی فرض کردید؟
کلادیوس: مردی شرافتمند. مردی با خانواده.
پولونیوس: جنون سرورم، جنون. هملت از عشق افیلیا دچار جنون شده.
کلادیوس: دخترت اینو بهت گفته؟
پولونیوس: بله سرورم. من گزارش تمام ملاقات‌های پنهانی

آنها رو مکتوب دارم.
کلادیوس: پس از این عشق خبر داشتی؟
پولونیوس: بله سرورم. دخترم هیچ چیزی رو از من پنهان نمی‌کنه.
کلادیوس: باشه پولونیوس. باشه.

(هملت وارد می‌شود.)

پولونیوس: (آرام می‌گوید.) افیلیا شروع کن.
افیلیا: همه چیزت کابوس شده. دنیا دور سرت می‌گرده. زمین وآسمان و پرندگان. رمئو رو می‌بینی که گریه می‌کنه. نزدیکش می‌شی، دستت رو دراز می‌کنی تا اون رو در آغوشت بگیری، اما اون دریای خون می‌شه . تو از این عشق چی می‌خوای؟ ژولیت تو از این عشق چی می‌خوای؟ رمئو.رمئو. رمئو. رمئو. چرا تو رمئو هستی؟ ازخواب بلند می‌شی. ماه درآسمان است. ایستاده وسط آسمان. پنجره اتاقت باز است. بلند می‌شوی به سمت پنجره می‌روی. می‌خواهی پنجره را ببندی. چیزی در میان حیاط تکان می‌خورد. به تراس اتاقت می‌آیی. نور ماه همه فضا رو روشن کرده. دقت می‌کنی. رمئو است. می‌خواهی ازفرط خوشحالی فریاد بزنی. اما نمی‌تونی. آرام صدایش می‌کنی. «رمئو». رمئو تو را می‌بینند. به سمت تو می‌آید. از دیوارتراس بالا می‌آید. به سمتش می‌روی. به سمتت می‌آید. می‌خواهی تا ابد درآغوش رمئو بمانی.

(سکوت. نور می‌رود. تاریکی. ما می‌دانیم چه اتفاقی افتاده

است. اما لزومی ندارد ببینیم. نور می‌آید. گورستان دانمارک است.)

گورکن: چوبی که انتخاب می‌کنی برای دسته بیل باید چوب محکمی باشه. چون موقع بیل زدن تو تمام هیکلت رو می‌اندازی روی بیل. چون می‌خوای با تمام قدرت خاک رو بلند کنی. البته خود خاک هم مهمه. خاکی که در شمال السینور هست، سخت‌ترین خاک این منطقه هست. یادت می‌آد که اولین بار به من لباس گورکنی پوشوندی، گفتی برم کجا رو بکنم؟ همین شمال کاخ السینور. خاک سخت. تمام دستم تاول زد. بعد هفت بیل اول، یه تاول همین جای دستم زد. بعد هفت قبری که کندم، تمام دستم تاول زده بود. باورم نمی‌شد. تمام دستم تاول زده بود. اما الان چندین سال هست که دست‌هام دیگه تاول نمی‌زنن.

رزنکرانتز: اِسم؟

گورکن: گورکن.

گیلدنسترن: شهرت؟

گورکن: گورکن.

رزنکرانتز: آی... عوضی ما رو مسخره کردی؟

گیلدنسترن: شغل؟

گورکن: گورکن.

رزنکرانتز: تو مثل اینکه نمی‌خوای مثل آدم جواب بدی.

گورکن: من دارم جوابتون رو می‌دم.

گیلدنسترن: اسم؟

گورکن: گورکن... چرا می‌زنی؟

رزنکرانتز: الان نوازشت می‌کنیم.
گیلدنسترن: شهرت؟
گورکن: گورگن... آی. باورکنید من گورگنم. اسمم گورگن. شهرتم گورگن. من ازوقتی که یادم می‌آد همه گورگن صدام کردن.
رزنکرانتز: اسم پدر؟
گورکن: نمی‌دونم. من یادم نمی‌آد پدر داشته باشم. وقتی هملت پدر من رو گذاشت تو گورستان برای گور کنی، من هفت سالم بود. از هفت سالگی به بعد رو بپرسید یادم می‌آد.
گیلدنسترن: خیلی حرف می‌زنی. جواب سوال‌های ما یک کلمه است.

(رزنکرانتز از زور درد بیرون می‌رود.)

گورکن: اون دوست‌تون مریضه؟ چرا می‌زنی؟
گیلدنسترن: برای اینکه ما سوال می‌کنیم.

(صدای جیغ و درد رزنکرانتز.)

گورکن: مشکل دوستون چیه به من بگید. آخ...
گیلدنسترن: اسم مادر.
گورکن: من مادرم ندارم.
گیلدنسترن: پس از زیر بوته به وجود اومدی؟
گورکن: خب نمی‌دونم. من نمی‌دونم پدرم کیه. من نمی‌دونم مادرم کیه. یکبار هملت پدر گفت من رو بیرون دانمارک وسط خرابه‌ها پیدا کرده. حضرت کلادیوس به من گفت، منو رو از

جنگ پیدا کرده. حضرت پولونیوس می‌گه من رو تو نروژ پیدا کرده.

(رزنکرانتز با حالی نزار می‌آید.)

رزنکرانتز: پس تخم حرومی؟
گورکن: تمام شلوارتون خونی.
گیلدنسترن: زور زدی؟
رزنکرانتز: هیچی.فقط خون.
گورکن: من... چرا می‌زنی؟ نزن.
گیلدنسترن: خفه شو. خیلی حرف می‌زنی.
رزنکرانتز: از اول شروع می‌کنیم.
گیلدنسترن: اسم؟
گورکن: گورکن.

(پولونیوس وارد می‌شود.)

پولونیوس: بسه. ولش کنید. پاشو برو.
گورکن: قربان اینها باور نکردن که من گورگنم.
پولونیوس: برو.

(گورگن بیرون می‌رود.)

پولونیوس: اینجوری بازجویی می‌کنید؟
رزنکرانتز: قربان شما کمی تحمل می‌کردید ازش کامل اعتراف

می‌گرفتیم.

پولونیوس: به هر حال از هملت نمی‌تونید اینجوری حرف بکشید. باید جوری دیگه باهاش حرف بزنید.

(نور می‌رود. نور می‌آید. گورستان است.)

هملت: تو به روح اعتقاد داری؟

گورکن: نه.

هملت: چرا؟

گورکن: شما هم دارید یه دانمارکی اصیل می‌شید؟

هملت: چطور؟

گورکن: فضولی. تو دانمارک همه از فضولی خوششون می‌آد. این جز آداب دانمارک. تجسس در باب عقاید یکدیگر.

هملت: دوست نداری جواب بدی؟

گورکن: من فقط چیزی رو که ببینم باور می‌کنم. چون تا حالا روح ندیدم پس به روح اعتقاد ندارم.

هملت: باشه. اگه همین الان یه روح روبروت ایستاده باشه چی؟ اون وقت باور می‌کنی؟

گورکن: آره.

هملت: بعد اگه اون روح بهت بگه که من پدرت هستم چی، تو باور می‌کنی؟

گورکن: خب، آره.

هملت: بعد هر چی بگه باور می‌کنی؟

گورکن: آره.

هملت: هر چی ازت بخواد انجام می‌دی؟

گورکن: آره.

هملت: حتی اگه بخواد که کسی رو بکشی؟

گورکن: آره.

هملت: اون وقت تو اون آدم رو می‌کشی؟

گورکن: آره.

(نور می‌رود. نور می‌آید. اتاق خواب گرترود. بعد از مرگ هملت پدر، شاید سه روز پیش. شاید سه ماه پیش. شاید سه سال پیش . نمی‌دانم.)

گرترود: هملت.

کلادیوس: کدوم؟

گرترود: مگه ما چند تا هملت داریم؟

کلادیوس: دوتا، پدر و پسر.

گرترود: ما یه هملت بیشتر نداریم. اون هم پسرمنه.

کلادیوس: پس برادرم.

گرترود: تو حالت خوبه؟

کلادیوس: نمی‌دونم ، حالم خوب نیست.

گرترود: هملت می‌خواد یه نمایش اجرا کنه.

کلادیوس: نمایش؟

گرترود: می‌خواد امشب یه نمایش نشون بده.

کلادیوس: من اصلاً حوصله ندارم.

(گرترود بیرون رفته هملت وارد می‌شود.)

هملت: چرا؟

کلادیوس: چی چرا؟

هملت: حوصله ندارید؟

کلادیوس: مادرت کجاست؟

هملت: مادر من؟

کلادیوس: بله. همسر من.

هملت: همسر شما رو نمی‌دونم، اما مادر من سر مزار همسرش هست.

(سکوت)

کلادیوس: نمایشی که می‌خوای نشون بدی درباره چیه؟

هملت: درباره مرگ.

کلادیوس: مرگ!

هملت: بله.

کلادیوس: تو نمایش دوست داری؟

هملت: شما نمایش دوست ندارید؟

(هملت بیرون می‌رود. روزنکرانتز و گیلدنسترن وارد می‌شوند.)

روزنکرانتز: بله سرورم.

کلادیوس: شما دو تن از دوستان دوران کودکی هملت هستید؟

روزنکرانتز: بله سرورم.

کلادیوس: شما هملت رو خوب می‌شناسید؟

گیلدنسترن: بسیار کم.

کلادیوس: بسیار کم؟

روزنکرانتز: نه سرورم. بسیار زیاد. اون شبیه پدرش هست. اما

چند سال است که دیگر با ما مراوده ندارد. از ما دوری می‌کند.

گیلدنسترن: دوستی پیدا کرده به اسم هوراشیو.

روزنکرانتز: البته سرورم این هوراشیو نام جعلی اوست. کسی اسم او را نمی‌داند.

کلادیوس: تو حالت خوبه؟

گیلدنسترن: بیماری همیشگی روزنکرانتز. درمانش زمان می‌بره.

کلادیوس: اگه هوراشیو اسمش نیست، پس اسم اصلیش چیه؟

گیلدنسترن: قربان ما خیلی تحقیق کردیم.

کلادیوس: نتیجه؟

روزنکرانتز: هیچ سرورم. چندین بار هم به او نزدیک شدیم.

گیلدنسترن: اما باز به نتیجه نرسیدیم.

کلادیوس: هوراشیو، هوراشیو، هوراشیو.

گیلدنسترن: سرورم ما گوش به حرف‌های شما هستیم.

کلادیوس: می‌خواهم هملت را زیر نظر بگیرید. از افکارش تا اعمالش. همه را بفهمید و به من بگویید.

(کلادیوس بیرون می‌رود. هملت وارد می‌شود.)

روزنکرانتز: سرورم هملت. ما رو در غم از دست دادن پدرتون شریک بدونید.

گیلدنسترن: واقعاً متأسفم. فکر نمی‌کردیم که این مرد بزرگ از دنیا بره.

روزنکرانتز: اون برای ما یه پدر بود.

گیلدنسترن: یه آرمان بود.

روزنکرانتز: یه هدف بود.

گیلدنسترن: سایه سر بود.

رزنکرانتز: فکر نمی‌کردیم بدون اون بتونیم زندگی کنیم.

هملت: الان دارید چیکار می‌کنید؟

گیلدنسترن: به سختی داریم زندگی می‌کنیم.

هملت: ولی دارید زندگی می‌کنید دوستان دوران کودکی من. رزگویا حال خوشی نداری؟

گیلدنسترن: بیماری عجیبی نیست. فقط دردآور است. اما ما به عشق دانمارک حاضریم همه دردهای جهان رو تحمل کنیم.

روزنکرانتز: بله. بله. ما به عشق وطن به عشق سرورمون هملت زندگی می‌کنیم.

هملت: رز و گیل عزیز، من سرور شما نیستم. من هملت بیچاره دیوانه هستم. شاه کلادیوسه. اون شما رو کار داره. برید پیش اون.

گیلدنسترن: ما از فرانسه به عشق شما اومدیم.

هملت: خیلی تحت تأثیر قرار گرفتم. ولی اشتباهی اومدید. من با شما کاری ندارم. راستی دوستان من کار شما چیه؟

(نور می‌رود. نور می‌آید. گورستان است.)

گورکن: دنیا برعکس شده. آدم هیچ‌وقت نمی‌تونه یه چیزی رو به یه حالت تا ابد نگه داره. مثلاً بچه‌ها هیچ‌وقت بچه نمی‌مونن؛ بزرگ می‌شن، بعد تو روی آدم می‌ایستن. یا این ریشی که من دارم. اول هر هفته می‌تراشمش اما آخر هفته باز هم در می‌آد. اما بعضی چیزها هم ثابت هستن. مثلاً همین

گور. من الان سی ساله که گورکنم. اندازه‌اش فرق نکرده. حتی شکلش هم عوض نشده. دو دریک. تابوت هم همین طوره. اون هم اندازه‌اش فرق نکرده. من از شما ممنونم. اگه منو یه کشیش می‌کردی؛ اون موقع نمی‌فهمیدم زندگی چیه. قطعاً باید حرافی یه مشت بنده گناه کار رو می‌شنیدم. گوش‌هام حتماً درد می‌گرفت. شما زندگی رو به من هدیه دادید. منم به شغلم افتخار می‌کنم. نمی‌دونید که اینجا چه سکوتی داره. حسن تمام مرده‌ها به سکوتشونه. مثل شما. سکوت. سکوت. من حرف می‌زنم. مرده‌ها سکوت می‌کنن. فکر می‌کنم. بلند بلند فکر می‌کنم. مرده‌ها سکوت می‌کنند. نه مخالفتی، نه موافقتی، فقط سکوت. به نظرمن فلاسفه، مهم‌ترین فکرهای فلسفی‌شون رو تو قبرستون‌ها درست کردن.

(نور می‌رود. تاریکی. نور می‌آید. روشنایی. قصر است. تالار قصر است؟ اتاق خواب گرترود؟ نمی‌دانم. ولی می‌دانم جنازه پولونیوس بر روی زمین قرار گرفته است.)

گرترود: باید از دانمارک بری.

هملت: شب بخیر مادر.

گرترود: دیگه نمی‌شه تو رو کنترل کرد.

هملت: شب بخیر مادر.

گرترود: دوست ندارم که از من دور باشی.

هملت: شب بخیر مادر.

گرترود: ولی خودت کردی.

هملت: شب بخیر مادر.

گرترود: پدرت.

هملت: شوهر شما. عموی من.

گرترود: دیگه نمی‌شناسمت. تو دیگه اون پسر حرف شنو من نیستی. دستت بوی خون می‌ده. قلبت بوی خون می‌ده. چشمات رنگ خون گرفته. مثل یه گرگ درنده می‌خوای همه رو بکشی.

هملت: من فقط دارم انتقام می‌گیرم.

گرترود: انتقام از کی؟ انتقام از چی؟ تو چی فکر کردی؟ فکر کردی تو دانمارک کسی از مردن پدرت ناراحت شد. نه، همه ظاهراً ناراحت بودن. اما از ته دل خوشحال بودن.

هملت: گاهی اوقات برای اینکه به چیزی دست پیدا کنی، مجبوری خیلی چیزهای دیگه رو از دست بدی.

گرترود: تو داری جوی خون راه می‌اندازی. خواهش می‌کنم پسرم. دانمارک از خون خسته شده.

(گرترود ناراحت و پریشان می‌رود. گورکن می‌آید.)

هملت: دانمارک. دانمارک از خون خسته شده. دانمارک بدون خون زنده نیست.

هملت: دفنش کن.

گورکن: پس تو هم شروع کردی.

گورکن: چند تا باید آماده کنم؟

هملت: اینجا جا می‌شه؟

گورکن: بله. ما از این بزرگ‌ترش هم توی گور جا دادیم. می‌دونید حُسن زمین در اینه که، انسان‌ها رو راحت تو خودش جا

می‌ده. فارغ از چاق و لاغر بودن. پول دار و بی‌پول. شاه یا گدا.

هملت: این بدبخت نه شاه بود نه گدا؛ نه خدا بود نه شیطان؛ هیچی نبود.

گورکن: چقدر زیبا مرده است.

هملت: مرگ یکدفعه غافل گیرش کرد.

گورکن: همه دانمارک داره از دیوانگی شما حرف می‌زنه.

هملت: تو چی؟

گورکن: نه. من که می‌دونم که شما سالمید.

هملت: از کجا می‌دانید که درست فهمیدید؟

گورکن: از این جنازه.

هملت: فضول بود. به خاطر فضولی مُرد.

گورکن: در دانمارک سرورم فضول زیاده؛ باید همه‌ی اون‌ها رو کشت؟

هملت: داخل اتاق مادرم بود.

گورکن: مادرتون سرورم خودش در اتاقش رو به روی همه باز کرده.

هملت: مرده، تقصیر خودش بود.

گورکن: راست می‌گویید سرورم. اون مرده، کاریش هم نمی‌شه کرد. راستی نگفتید چند تا گور آماده کنم؟

(هملت می‌رود.)

صدای هملت: هر تعداد که دوست داری آماده کن.

گورکن: بیچاره افیلیا.

(نور می‌رود. تاریکی. نور می‌آید. روشنایی. جایی همین نزدیکی. چند ساعت قبل از مرگ افیلیا. شاید اتاق خواب کلادیوس و گرترود باشد.)

افیلیا: هملت. هملت. هملت....

گرترود: هملت اینجا نیست افیلیا.

افیلیا: هملت. هملت. هملت...

گرترود: اون اینجا نیست دختر جان. می‌شنوی ؟

افیلیا: با من بودید؟

گرترود: آره دختر جان. می‌دونم سخته. باید تحمل کنی. چرا می‌خندی؟ با تو هستم چرا می‌خندی؟

افیلیا: منو چی صدا کردی؟

گرترود: افیلیا

افیلیا: نه. نه. نه. نه. نه.

گرترود: دختر جان!

افیلیا: بچه که بودم مادرم صدام می‌زد. دخترجان مراقب باش. دختر جان ندو. دختر جان بایست. دختر جان بشین. دخترجان دختر جان دختر جان. دختر دختر دختر... بعد من عصبانی می‌شدم دادم می‌زدم من یه خانمم. خانم. می‌فهمید. اما الان خیلی دوست دارم که یه دختر باشم. یه دختر. می‌خوام اما نمی‌شه. هملت کجا رفته؟

گرترود: یه جای دور عزیزم. یه جای دور.

افیلیا: دیگر آیا باز نخواهد آمد؟

گرترود: نه.

افیلیا: دیگر آیا باز نخواهد آمد؟

گرترود: ما هممون به خاطر مرگ پدرت متأسفیم.

افیلیا: نه. نه. او مرده است.

تو هم به بستر مرگت برو

او هرگز باز نخواهد آمد.

گرترود: افیلیییا... مرگ پدرت یه اتفاق بود افیلیا.

افیلیا: به هملت بگید، افیلیا دیگه چیزی نداره که به خاطرش زنده باشه. بهش بگید، گلش ازبین رفت. گلش پژمرده شد. می‌خوام هرسش کنم.

(افلیا می‌رود. گرترود پریشان مانده است.)

کلادیوس: (آرام به گرترود.) برو دنبالش.

(گرترود به دنبال افلیا می‌رود. گورگن با سرعت داخل می‌شود.)

کلادیوس: چکارداری می‌کنی؟

گورکن: شما اجازه بدید.

کلادیوس: اگر اندازه قد منو می‌خوای بدونی ، خودم می‌گم. صد و هفتاد.

گورکن: نه. دیدید که اشتباه کردید. صد و هفتاد دو.

کلادیوس: قدم رو اندازه گرفتی. حال برو دیگه.

گورکن: دور کمر هنوز مونده.

کلادیوس: تو گورکنی یا خیاط؟

گورکن: من گورکنم. شغلم گورگنی. شهرتم گورگنی.

کلادیوس: پس برای چه داری دور کمر منو اندازه می‌گیری؟

گورکن: قربان می‌خواهم گوری به اندازه تنتون بکنم.
کلادیوس: مگه من از تو گور خواستم.
گورکن: نه.
کلادیوس: کی گفته برای من گور بکنی؟
گورکن: هملت.
کلادیوس: اون که مرده.
گورکن: پسر را می‌گم.
کلادیوس: من هم همون رو می‌گم.
گورکن: ولی من هملت رو یه ساعت پیش دیدمش.
کلادیوس: کجا؟
گورکن: قبرستون. سر قبر افیلیا.

(نور می‌رود. تاریکی. نور می‌آید. روشنایی. شاید هم زمان با همین زمان. جایی خیلی خیلی دور از دانمارک. روزنکرانتز و گیلدنسترن دست بسته، سرهایشان زیر گیوتین است.)

روزنکرانتز: فکر کنم داره می‌آد.
گیلدنسترن: بعد از این همه خون اگه نیاد باید شک کرد.
روزنکرانتز: چه فایده. حالا. حالا که داریم می‌میریم. شغل گندی داریم.
گیلدنسترن: اون دختره، همون که تو فرانسه کشتیش، واقعاً عاشقت بود؟
روزنکرانتز: ساعت چنده؟
گیلدنسترن: به زمان دانمارک یا اینجا؟
روزنکرانتز: دانمارک. می‌خوام بدونم الان دانمارک چه وقتیه.

گیلدنسترن: شاید صبح باشه.

روزنکرانتز: صبح‌های دانمارک رو دوست ندارم. آدم دلش می‌گیره.

گیلدنسترن: آره.

روزنکرانتز: مسخره است که آدم بمیره تا نقشه‌های یکی دیگه جور دربیاد.

گیلدنسترن: آره.

روزنکرانتز: امیدوارم تو اون دنیا یه شغل دیگه بهمون بدن.

گیلدنسترن: رز تو اون دختره رو واقعاً کشتی؟

روزنکرانتز: نه.

گیلدنسترن: خوبه خیالم راحت شد.

روزنکرانتز: تموم شد. دیگه تموم شد. بالاخره به آخر خط رسیدیم. حالا می‌تونم یه نفس راحت بکشم نفس بکش.

(نور می‌رود. تاریکی. نور می‌آید. گورستان است. لایرتیس پریشان می‌آید.)

لایرتیس: گورکن... گورکن.

گورکن: ...

لایرتیس: با تو هستم؟ نمی‌شنوی؟ گورکن.

گورکن: ...

لایرتیس: تا اونجا که یادمه تو کر نبودی؟

گورکن: تا اونجاهم که من یادمه، شما بی‌ادب نبودید.

لایرتیس: من که چیزی نگفتم. فقط صدات کردم.

گورکن: بله. ولی درست مثل این که بگی کثافت، کثافت.

لایرتیس: مگه اسم تو گورگن نیست؟

گورکن: ادب حکم می‌کرد که من رو آقای گورکن صدا کنی. خوبه منم شما رو صدا کنم جنازه. جنازه. زشت نیست؟

لایرتیس: من اسم دارم. لایرتیس.

گورکن: می‌شناسم. وقتی من برای کسی قبر بکنم اون دیگه زنده نیست.

لایرتیس: منظورت چیه؟

گورکن: این قبر برای شماست.

لایرتیس: کی گفته؟

گورکن: هملت. اون خواست که برای شما قبر بکنم. وقتی هملت برای کسی گور بخواهد دیگر او زنده نیست.

لایرتیس: ولی من که زنده هستم.

گورکن: قربان اجازه می‌دید.

لایرتیس: چیکار می‌کنی؟

گورکن: طول گور باید درست باشه. جناب هملت قد شما رو نگفته.

لایرتیس: می‌خواهم یه گور برای هملت بکنی.

گورکن: نمی توانم.

لایرتیس: دو برابر می‌دم.

گورکن: می‌تونم. کجا بکنم؟

لایرتیس: کنار چاه فاضلاب.

گورکن: دقیقاً کجای چاه فاضلاب؟

لایرتیس: اونجایی که کثافت‌ها یک دست می‌شن می‌رن داخل فاضلاب، می‌خواهم قبر هملت اونجا باشه. می‌خوام کثافت‌ها از روی هملت رد بشن.

(نور می‌رود. تاریکی. نور می‌آید. افیلیا کنار یک مرداب یا یک
رودخانه است. سنگی بزرگ بر پایش بسته است. پریشان
است.)

افیلیا: مادرم همیشه آرزو داشت پرواز کنه. می‌گفت افیلیا، دلم
می‌خواد پرواز کنم. دلم می‌خواد ستاره‌ها رو با دستم بگیرم.
مادرم زن خوبی بود. خیلی مهربون بود. کاش الان اینجا بود.
مامان. مامان صدام رو می‌شنوی. من می‌تونم پرواز کنم. ببین
تو مشت من پر از ستاره‌ست. ببین ستاره من چقدر پرنوره.
ببین چقدر پرنوره. مامان. نمی‌دونم دارم به آسمون نزدیک
می‌شم یا به دریا. زیر پام آبه، یا بالای سرم آسمون. فقط کافی
دستت رو دراز کنی. دستم رو بگیر. صدام رو می‌شنوی؟
می‌خوای روی ماه رو ببوسی؟ من می‌بوسمش. من روی ماه رو
بوسیدم. به من نگاه کن.

(افلیا داخل مرداب یا رودخانه می‌شود. نور می‌رود. نور می‌آید.
هملت به کنار آن رودخانه یا مرداب می‌آید.)

هملت: بانوی من،
رسوای زیبایم،
آرزو داشتم در روزگار دیگری دوستت می‌داشتم،
روزگاری مهربان‌تر،
شاعرانه‌تر،
روزگاری که شمیم آزادی را بیشتر حس می‌کردیم،
آرزو داشتم با تو شام می‌خوردم،

آرزو داشتم در روزگار دیگری دوستت می‌داشتم،
آرزو داشتم در روزگار دیگری می‌دیدمت،
روزگاری که گنجشکان و پریان حاکم بودند،
آرزو داشتم در آن روزگار، تو از آن من بودی.

(هملت گریان می‌رود. گرترود به کنار آن رودخانه یا مرداب می‌رسد.)

گرترود: یه مرد ماهیگیری می‌ره پیش خدا، می‌گه؛ خدایا من عاشق شدم. روحم به من اجازه نمی‌ده که به عشقم برسم. روحم رو می‌خوام بفروشم. وقتی این روح رو نمی‌بینم، می‌خوامش چیکار؟ خدا می‌گه بفروش به من. ماهیگیر هم روحش رو می‌فروشه به خدا. ولی وقتی سراغ عشقش می‌ره، می‌بینه عشقش ازاون دوری می‌کنه. ماهیگیر خیلی تعجب می‌کنه. عشقش به اون می‌گه من تو رو به خاطر روحت می‌خواستم. حالاکه تو روح نداری، من هم دیگه تو رو نمی‌خوام. ماهیگیرهم می‌ره و خودش رو می‌کشه. تو دانمارک کسی رستگار نمی‌شه. چه اونی که روحش رو می‌فروشه و چه اونی که روحش رو نمی‌فروشه. تو دانمارک کسی رستگار نمی‌شه.

(گورکن گرترو را می‌برد. نور می‌رود. نور می‌آید. زمان هر زمانی که شما تصور کنید. مکان هر جایی که شما دلتان بخواهد. هملت و کلادیوس روبروی هم ایستاده‌اند.)

هملت: بودن یا نبودن. مسئله این است.

کلادیوس: کشتن. این خاصیت دانمارک. تو هیچ‌وقت نمی‌فهمی من چرا پدرت رو کشتم. من هیچ‌وقت نمی‌فهمم که تو چرا پولونیوس رو کشتی. هیچ‌کس نمی‌فهمه چرا افیلیا خودکشی کرد. چرا مادرت جام زهر رو خورد. لایرتیس چرا باید بمیره یا رز و گیل. این خاصیت دانمارک. کشتن. تو دانمارک هیچ‌کس نمی‌دونه چرا می‌کشه یا چرا کشته می‌شه. دانمارک با ما کاری کرده که جز مرگ به چیزی دیگه فکر نکنیم. کاش می‌شد بهت گفت که الان دانمارک روزهای خوبی رو می‌گذرونه. کاش می‌فهمیدی. من زانو نمی‌زنم. پاهام درد می‌کنه.

(گورگن کلادیوس را با خود می‌برد.)

هملت: دوستان من دانمارک رو فراموش کنید. دانمارک خون می‌خواد. دریای دانمارک خون می‌خواد. آسمان دانمارک خون می‌خواد. زمین دانمارک خون می‌خواد. مردم دانمارک خون می‌خوان. تخت دانمارک خون می‌خواد. دین دانمارک خون می‌خواد. دانمارک رو فراموش کنید. دانمارک خون می‌خواد . و دیگر خاموشی.

پایان

نگارخانه

عکاس: سیامک زمردی

اجرا در سالن تماشاخانه ایرانشهر، اردی‌بهشت تا تیر ۱۳۹۳

In The name Of God

سی و دومین جشنواره بین‌المللی تئاتر فجر

32nd Fadjr International Theatre Festival

Tehran, 18th January to 1st February 2014, ۱۳۹۲ بهمن ۱۲ تا دی ۲۸ - تهران

This is to certify that Arash Dadgar for "Hamlet"
from Iran has been awarded BEST STAGE PRIZE of the
32nd Fadjr International Theater Festival.

Ghader Ashena
Festival Director

Saeid Kashanfallah
Jury Representative

Hosein Taheri
President of Dramatic
Arts Center

www.quantumtheatregroup.com
www.tamashakhaneh.ir/ticket
www.fiwall.com / www.theatrnet.com

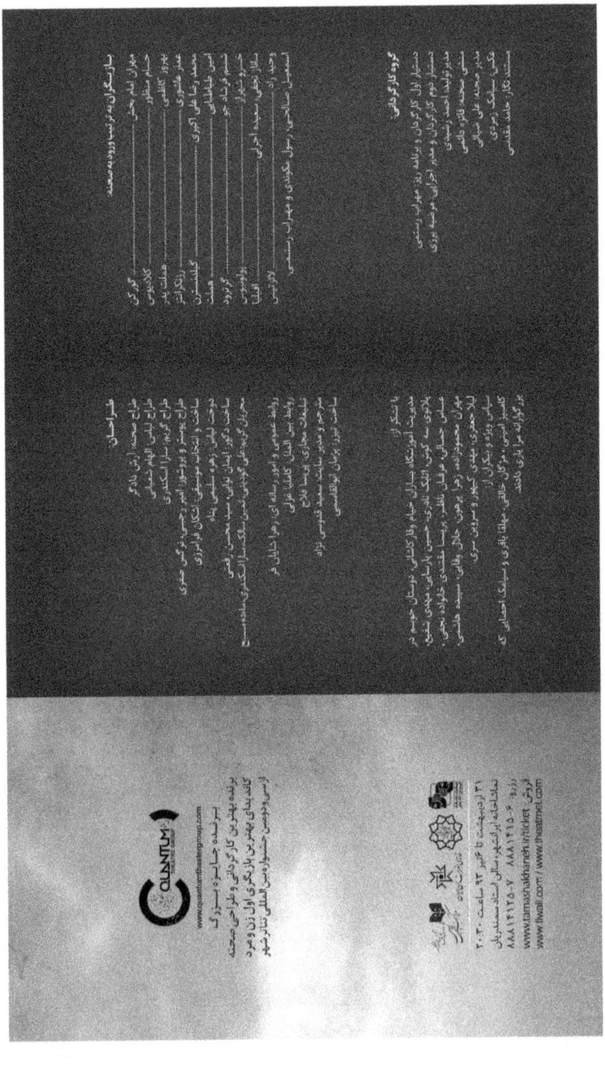

HAMLET
DIRECTOR & DESIGNER: ARASH DADGAR

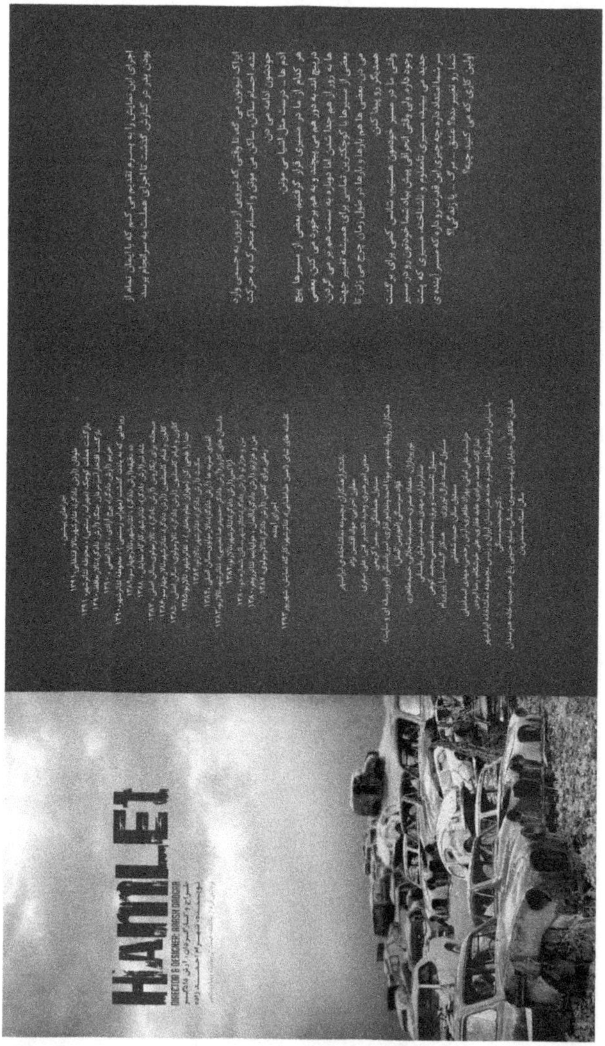

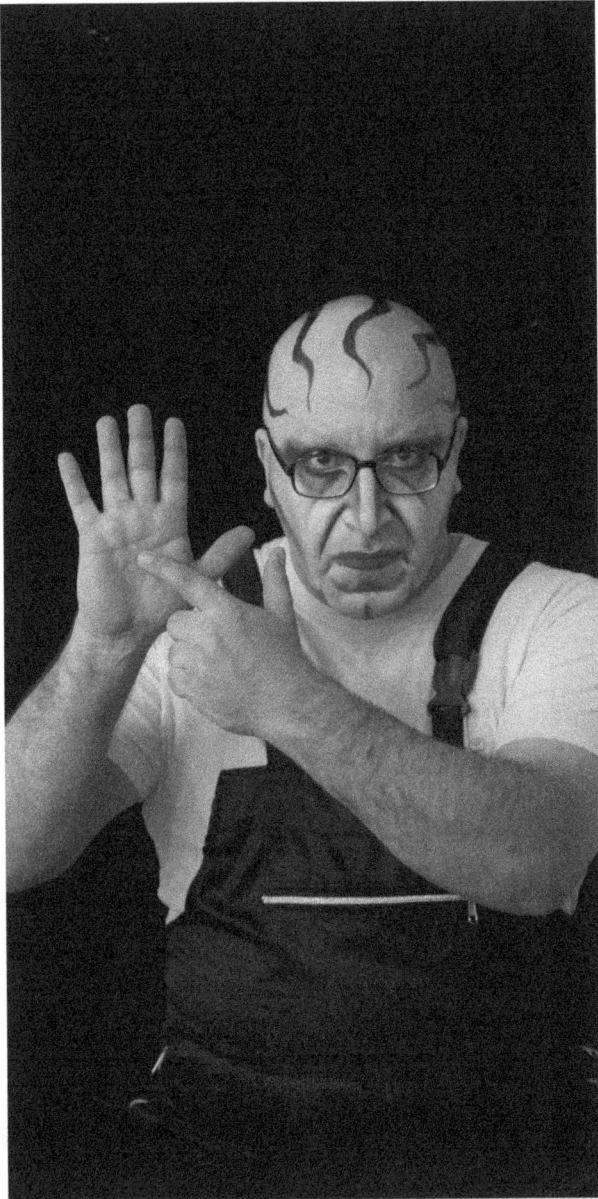

Piccolo Teatro
Studio Melato
dal 30 settembre
al 4 ottobre 2014

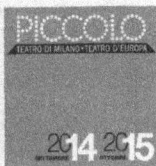

Shakespeare

*libero adattamento
di Shahram Ahmadzadeh
dall'immortale "Amleto"
di William Shakespeare
regia e scene Arash Dadgar
manager e produttori
internazionale Camelia Ghazali
con (in ordine di apparizione)
Mehran Emambakhsh,
Hesam Manzour, Behrouz Kazemi,
Ammar Ashoori, Mohammadreza
Aliakbari, Amin Tabatabei,
Shabnam Farshadjoo,
Khosrow Shahraz, Sanaz Najafi,
Amir Rejabi, Mehrab Rostami
costumi Elham Sha'bani
trucco Sara Eskandari
compositore Ashkan Faramarzi
musiche selezionate e pubblicate
da Delara Moghadasian
produzione Quantum Theatre
Group Teheran*

*Spettacolo in lingua farsi
con sopratitoli in italiano a cura
di Prescott Studio, Firenze*

*Altre notizie
sul tuo
smartphone/tablet*

Recitare Shakespeare a Teheran. Come una giovane compagnia iraniana può accostarsi alla storia del nevrotico principe di Danimarca, trasportarla sul proprio palcoscenico e al tempo stesso produrre uno spettacolo universale nello stile e nel linguaggio? "Shakespeare è per me un trattato sulle contraddizioni della natura umana - spiega Arash Dagdar (1973), regista e fondatore di Quantum Group Theatre - È il mio autore contemporaneo iraniano. Mettere in scena Shakespeare significa mettere alla prova se stessi. Per me questa tragedia è una collisione di elettroni, e, come tale, produce risultati imprevedibili, dominati dall'incertezza". Assediato da uno spettro che gli somiglia moltissimo - anche per età - un Amleto dalla folta barba e dallo sguardo corrucciato ordisce la propria vendetta, ai danni della madre Gertrude e dello zio Claudio. Fischiettando l'inconfondibile motivetto di *Kill Bill* di Quentin Tarantino, batte a macchina la commedia che rivelerà a tutti le malefatte della coppia regnante. Amleto scrive, legge e studia su quei libri e quei giornali che Polonio e Claudio continuamente strappano, tagliuzzano e censurano, aiutati da un Laerte "Edward mani di forbice", sessuofobo e schierato con i "vecchi", a difesa dell'ortodossia, contro i coetanei ribelli, la sorella Ofelia e il suo amante Amleto. Ofelia ha una vistosa parrucca nera appuntata sopra la *hijab*, mentre Gertrude, seduttrice donna del peccato, è bionda come Lana Turner. E quel trono per il quale si uccidono i parenti di sangue? È un materasso, alto e spesso, sul quale gettarsi giocando come ragazzini, perché seduti vi si sta davvero scomodi. Scene e costumi essenziali e senza tempo, una colonna sonora che mescola est e ovest, nord e sud, sottolineano la contemporaneità di Shakespeare, "inventore dell'umano". "La storia di *Amleto* - conclude Arash Dagdar - è la storia di un cambiamento, di un cambiamento di stato, per tornare alla fisica, come accade ai corpi che da solidi si fanno liquidi o gassosi; oppure di un cambiamento di traiettoria, quando un personaggio, come un atomo, viene a scontrarsi con un altro, modificando così la propria direzione".

Mercoledì 1° ottobre, ore 17 - Chiostro Nina Vinchi
Incontro con la Compagnia del Quantum Theatre Group di Teheran
interviene Farian Sabahi, scrittrice e giornalista specializzata sul Medio Oriente, in particolare su Iran e Yemen. Ingresso libero, fino ad esaurimento dei posti disponibili, con prenotazione obbligatoria a comunicazione@piccoloteatromilano.it

Amleto
era un principe persiano

Adattare per la scena i classici – teatro, racconti, romanzi – con un occhio contemporaneo, che tenga conto anche delle moderne teorie della fisica (il riferimento alla fisica quantistica è evidente nei nomi stesso della compagnia): è l'ispirazione di Quantum Theater Group (compagnia fondata nel 2009) che individua in Shakespeare un interlocutore privilegiato.

"Shakespeare è per me il compendio universale delle contraddizioni della natura umana – spiega Arash Dadgar, regista e fondatore della compagnia, nato nel 1973 –. Lo trovo sorprendente, misterioso, drammatico... è il mio autore contemporaneo ideale! Nel mio percorso, non ho mai voluto mettere in scena la tragedia di Shakespeare 'alla maniera europea': sarebbe stato stupido e avrei fatto la brutta copia di quello che altri sanno fare meglio. Mettere in scena Shakespeare significa mettere alla prova se stessi, quel che si sa e che quel che ancora c'è oscuro della vita. Amleto, produzione del 2014, l'ultima di Quantum Theater Group, nasce da un lavoro di riscrittura durato quattro anni. Ho scelto Amleto per cercare una risposta a tante domande insolute che mi accompagnavano dai tempi dell'università: Amleto è pazzo? Ama Ofelia veramente? Perché Polonio e Laerte non vogliono che Ofelia stia con lui? Lo spettro del vecchio re Amleto è reale o è solo una proiezione mentale del figlio? I sentimenti che Gertrude prova per Claudio l'hanno portata a tradire re Amleto? Claudio ha ucciso il fratello per il potere o per avere Gertrude? E molte altre. La risposta che mi sono dato è che la tragedia è una continua collisione di elettroni, e, come nella fisica, i risultati di quella collisione sono imprevedibili".

Dal 30 settembre al Teatro Studio Melato spettacolo in lingua farsi sovratitolato

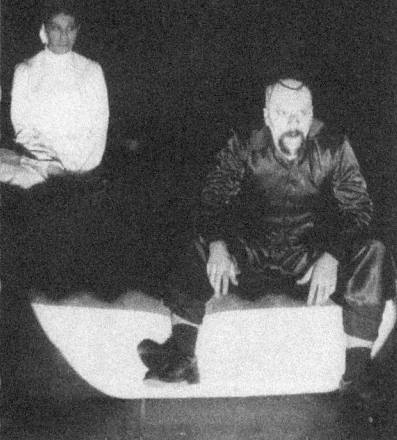

przekonuje go do zemsty na Klaudiuszu. Nie ma w sobie nic z odważnego wojownika, jest wrażliwym filozofem, pisarzem, który woli walczyć słowem. Mohammadreza Aliakbari w roli Hamleta odegrał narastający obłęd pogrążonego w żalu intelektualisty, który nie potrafi sprostać wymaganiom innych. To jedna z lepszych kreacji w tym spektaklu, zaraz obok Grabarza – kornika i przewodnika w jednym.

Cały spektakl to zręcznie skonstruowana machina. Sceny z przyjaciółmi Hamleta stanowiły przyjemną i komiczną przerwę w wartkiej akcji, pełnej knucia i spisków. Niektórzy aktorzy popadli jednak w przesadę. Jedna z postaci próbowała usilnie „urodzić" na scenie kamienie nerkowe. Każda postać musi mieć jakąś charakterystyczną cechę, to zrozumiałe. Ale czy muszą to być zaraz zakrwawione spodnie oraz siedzenie desce klozetowej? Można uznać, że Dadgar pragnął w swoim przedstawieniu zwrócić uwagę na każdy rodzaj cierpienia: spowodowany zemstą, miłością, wścibstwem oraz chorobą.

Później już tylko Grabarz odprowadzi wszystkich od drzwi i sam przez nie przejdzie. Następnie uda się na podwyższenie, gdzie będzie mógł obserwować kolejnych umierających. Mimo że dla każdego z bohaterów nastąpi mikrokoniec świata, w ostateczności dochodzi do upadku pewnego porządku. Wszyscy odchodzą, w Danii trup ściele się gęsto. Jak teraz będzie wyglądał świat, w którym rodzina królewska dokonała tak okrutnych czynów? ∎

Magda Bałajewicz

Hamlet w świecie science fiction

Hamlet, reżyseria: Arash Dadgar, Quantum Theatre Group (Iran)

Hamlet po irańsku?! Brzmi co najmniej egzotycznie – od pierwszej chwili mimowolnie spodziewamy się księcia w turbanie, irańskich pieśni i wielobarwnych strojów. Po chwili naszą uwagę zwraca nazwa zespołu... Inscenizacja Quantum Theatre Group to dziwna, wybuchowa i totalnie eksperymentalna mieszanka szekspirowskiego dramatu, fizyki kwantowej, industrialno-toksycznej przestrzeni scenicznej, a poza tym genialnego humoru. To wszystko sprawia, że wraz z rozpoczęciem przedstawienia Arash Dadgar zabiera nas w świat, w którym bywamy zdecydowanie zbyt rzadko.

Hamletów w teatrze było już tylu, że stworzenie czegoś nowego wydaje się wręcz niemożliwe. Poszukiwanie kolejnych poziomów funkcjonowania tej postaci w literaturze, sztuce i współczesnym świecie, a przy tym kreowanie kolejnej figury zagubionego, romantycznego intelektualisty, twardego buntownika czy popkulturowej kalki (jak w nominowanym do Yoricka spektaklu Krzysztofa Garbaczewskiego) wydaje się niewykonalne. Chwilami wręcz pozbawione sensu. Pomimo upływu czasu dramat Szekspira niezmiennie kusi twórców i aktorów – stanowi swoisty rentgen na wrażliwość, kreatywność i warsztat, będąc zarazem punktem odniesienia dla rozważań o współczesności, kondycji ludzkiej egzystencji. Nie ina-

czej jest w przypadku inscenizacji Quantum Theatre. Dadgar nie inscenizuje jednak Szekspira, nie dekonstruuje go i nie rozkłada na czynniki pierwsze. Reżyser opowiada nam Hamleta według swojego klucza – chronologicznie, scena po scenie, nie korzystając z oryginalnego tekstu, lecz za pośrednictwem współczesnego scenariusza, sytuując Szekspira w odrealnionej konwencji przypominającej stylistykę filmów z nurtu science fiction.

Można odnieść wrażenie, że zaraz przeniesiemy się na plan filmu Wodny świat, wprost na pływającą wyspę szaleńca Deacona, który niczym Klaudiusz terroryzuje swoich poddanych Hamlet wygląda zaś jak Edward Nożycoręki. (Nie)rzeczywistość Hamleta Quantum Theatre jest pozbawiona czasu, miejsca i historii. Mówi się o Danii, królu, polityce i cenzurze, wolności i władzy, ale wszystko to istnieje jedynie na mapie, w powietrzu i w wypowiadanych słowach. Świat Hamleta to szachy, w które gra śmierć: Grabarz, eliminując kolejnych graczy. Świat królewskiego dworu to świat żywych trupów – aktorzy w czarnych strojach, karykaturalnych fryzurach i trupim makijażu przypominają bohaterów Jeźdźca bez głowy, duch ojca Hamleta paraduje po scenie w białej piżamie, a czarnoskóra Ofelia śpiewa irańskie pieśni, które jako jedyne zdają się tętnić życiem. Ten sztuczny i groteskowy krajobraz raz po raz przełamywany jest farsowym dowcipem (świetne sceny dwóch zannich, Gulida i Rose) i świetnymi dialogami, które ostentacyjnie starają się sprowadzić dramat stratfordczyka do poziomu płytkiej, czarnej komedii. Gertruda wciąż woła: „Och, Hamlet!", pijąc panznokcie i trzepocząc metrowymi rzęsami, Hamlet szaleje, a Grabarz wrażnie słucha poleceń księży i śmieje się do łez.

Można by zapytać: czy Szekspir nie przewraca się w grobie? Aforyzm ten idealnie bowiem odzwierciedla atmosferę i styl irańskiego spektaklu. Jednak angielski dramaturg może dać spokojnie spać spokojnie. Quantum Theatre, pomimo rewolucji w formie, sporego dystansu do literackiego pierwowzoru, do którego odnosi się do niego z ironią, wciąż mówi o człowieku i śmierci nadającej sens ludzkiemu istnieniu. Mówi też o władzy, która wymaga szlachetności, i o tym, że zarówno z Szekspira, jak i z Szekspirem można i należy się śmiać. ∎

GDAŃSKI
TEATR
SZEKSPIROWSKI

[SHAKESPEARE DAILY]

GAZETA FESTIWALOWA NR 6   7.08.2016

TO JUŻ OSTATNI NUMERI

Agata Iżykowska

Dania cała jest cmentarzem

Hamlet, reżyseria: Arash Dadgar, Quantum Theatre Group (Iran)

Koniec świata nie musi być zatrważający. Może nadchodzić powoli, a śmierć może przybrać przyjazną formę uśmiechniętego mężczyzny, który z otwartymi ramionami przywita nas w tej ostatniej chwili. Poznajmy *Hamleta*, w którym ostatnie słowo należy do Grabarza.

Było już trzech Hamletów, był dramat z perspektywy Ofelii, Hamlet mono-dram, Hamlet szaleniec i wiele innych. Arash Dadgar poszedł krok dalej i głównym bohaterem uczynił Grabarza, który swoją osobą i wykonywaną profesją spaja wszystkie sceny spektaklu. Reżyser przeniósł środek ciężkości z Hamleta na postać, która w dramacie nie gra istotnej roli, i tym samym podkreślił, że będziemy mieli do czynienia ze światem na opak – lekko skarnawalizowanym, w którym mimo wszystko krąży widmo śmierci.

Wszystko zaczyna się od morderstwa króla Hamleta. Już w pierwszej chwili reżyser dostarcza nam wskazówek, którymi będziemy się kierować przez resztę spektaklu. Król umiera, jednak jego duch odziany w białe szaty pozostaje i dalej będzie snuł się po scenie, nie jako bierny obserwator, ale czynny bohater, który zamierza drażnić Gertrudę i prowokować syna do zbrodni. Mamy więc do czynienia z dziwną rzeczywistością, w której przeplatają się życie i śmierć. Lawirujemy między porządkami, które odkryją przed nami mroczną ludzką naturę.

Świat przedstawiony przez Dadgara jest jak z sennego koszmaru. Postaci, ich makijaż i stroje utrzymane w ponurym stylu steampunk przywodzą na myśl najmroczniejsze filmy Tima Burtona. Ze swoimi podkreślonymi na czarno oczami i bladą cerą Gertruda przypomina umarłą pannę młodą. Nie tylko ona przedstawia się jednak jak z pogranicza świata żywych i umarłych. Wszyscy aktorzy snują się po scenie, rozpaczliwie podrygują w ostatnich zrywach, a Grabarz nieustannie krąży między nimi. To on jest dyrygentem, to on zdejmuje z nich miarę, szykuje dla nich ostatnie posłanie. Po scenie śmierci Hamleta wszystko zaczyna nabierać tempa, zupełnie jak pędząca lawina. Fala konfliktów, żalu, pretensji wciąż napiera i nikt nie może jej zatrzymać. Dadgar przeprowadził nas przez całą historię Szekspira, ale złożoną w innej kolejności. Podkreślił intensywne sceny konfrontacji i sprzeczności. Jego bohaterowie są niezwykle żywiołowi, dają się porwać wszelkim emocjom. Etykieta rodziny królewskiej tutaj nie obowiązuje, na scenie panuje żywioł absurdu.

Za najbardziej nieszczęśliwą oraz zagadkową postać możemy uznać Ofelię. Kiedy wszystkie postaci oprócz Hamleta – króla są ubrane na czarno, tylko ona od stóp do głów odziana jest w biel. Zupełnie jakby już za życia była martwa i tylko błądzila między żywymi, skazana na wieczne potępienie, poniżana i ośmieszana. Gertruda woli wymierzyć jej siarczysty policzek niż porozmawiać o jej nieszczęśliwej miłości. Wszyscy traktują ją jak zużyty przedmiot, który chowa się po kątach, aby nikt go nie zauważył. Nawet Hamlet krytykuje jej urodę, odrzuca jej miłość i oddanie.

Dadgar przedstawia swoje bohaterki na zasadzie kontrastu. Ofelia jest odziana w biel ofiara, natomiast Gertruda to despotka żądna władzy, która cieszy się ze śmierci męża. Żadna z nich nie ma jednak mocy sprawczej. Ofelia podporządkowuje się męskiej sile, Gertruda zostaje pochłonięta żądzą. W tym świecie każda decyzja prowadzi do śmierci. Jedyne zmartwienie ma Grabarz: czy wystarczy miejsc w Danii na tyle grobów?

Tytułowy Hamlet popada w szaleńczy obłęd. Niepokoi go widmo ojca, które

Hamlet, reż. Arash Dadgar, fot. Dawid Linkowski

„HamletMaszyna" Navy Zuckerman

Nava Zuckerman: [...] Kiedy podeszłam do realizacji „HamletMaszyny" Heinera Müllera, na nowo odkryłam „Hamleta" Szekspira. Obydwa były bezlitosne. Hamlet Szekspira odbywa podróż, mającą na celu oczyszczenie jego domu. Domu, który jego matka i wuj zbrukali morderstwem, kłamstwami i manipulacjami, byle tylko zachować koro-

ne. Müller karze „Hamleta" za naiwność, uniemożliwiającą mu jasny osąd i powstrzymującą przed działaniem. W „HamletMaszynie" Müller wcina szekspirowskiego Hamleta z jego czasów i umieszcza w swoich własnych, we Wschodnich Niemczech. Ustami klasycznego Hamleta wyraża swoje emocje i opinie o społeczeństwie i czasach,

w jakich żyje. Znalazłam się w obliczu dwóch różnych głosów, szekspirowskiego „Hamleta" i müllerowskiego „Hamleta". Zainspirowana Müllerem, udałam się na poszukiwanie własnego „Hamleta", z mojego czasu i miejsca. [...]

■ Materiały promocyjne, archiwum Festiwalu Szekspirowskiego, fragm.

Teatr Tmuna

Alternatywny teatr, kreujący nowe układy przestrzenne, metody pracy i relacje między aktorem a publicznością. Został założony w 1981 roku w Tel Awiwie przez Navę Zuckerman. Wystawił blisko trzydzieści spektakli. Występował m.in. na Israel Festiwal, festiwalu teatrów alternatywnych

Theaternetto Acre, Festiwalu w Edynburgu czy Manchesterze.
Początkowo Tmuna było miejscem funkcjonującym jedynie jako scena dla alternatywnej grupy teatralnej Zuckerman, a od 1999 roku zaczęto je przekształcać we wszechstronne, multimedialne cen-

trum kulturalne z kilkoma salami, w których obecnie odbywa się blisko tysiąc wydarzeń teatralnych, tanecznych, muzycznych i literackich rocznie.
■ Materiały promocyjne, archiwum Festiwalu Szekspirowskiego, fragm.

„Hamlet" Arasha Dagdara

Arash Dagdar: Szekspir to dla mnie encyklopedia wiedzy o sprzecznościach tkwiących w ludzkiej naturze – mówi reżyser. Zaskakuje mnie i zachwyca, jest tajemniczo dramatyczny... To mój współczesny, irański dramatopisarz! Wystawianie Szekspira, to poddawanie siebie samego próbie, to pokazywanie tego, co wie się o życiu, ale również tego, co nam ciągle umyka.
Hamlet, najnowsza produkcja Quantum Theatre Group z 2014 roku, narodził się z przepisania projektu trwającego cztery lata. Ta tragedia, to nieustanne zderzenie elektronów i, jak w fizyce, rezultaty tych zderzeń są nieprzewidywalne. Niepewność króluje.
■ Materiały promocyjne, archiwum Festiwalu Szekspirowskiego, fragm.

„Hamlet", reż. Arash Dagdar, Quantum Theatre, Iran, fot. archiwum Quantum Theatre

HAMLET
۳۱ اردیبهشت تا ۶ تیر ۱۳۹۳
ساعت اجرا: ۲۰:۳۰
نشانی: خیابان طالقانی
خیابان شهید موسوی شمالی
جنب خانه هنرمندان
تماشاخانه ایرانشهر
سالن استاد سمندریان
تلفن رزرو گیشه:
۸۸۸۱۴۱۱۵-۶ | ۸۸۸۱۴۱۲۵-۷
فروش اینترنتی:
www.tiwall.com
www.theatrnet.com
www.tamashakhaneh.ir
نویسنده:
شهرام احمدزاده
طراح و کارگردان:
آرش دادگر
برنده جایزه بزرگ
برنده بهترین کارگردانی
و طراحی صحنه
کاندیدای بهترین متن،
بازیگری زن و مرد
از سی و دومین جشنواره
بین المللی تئاتر فجر